NOTICE HISTORIQUE

Sur M. le Marquis

DE LA FAYETTE.

NOTICE HISTORIQUE

Sur M. le Marquis

DE LA FAYETTE,

SUIVIE *de la lettre d'un père à son fils, désespéré de n'avoir pas été élu Officier dans la garde nationale.*

L'orgueil n'aveugle point ceux que l'honneur éclaire.
Gresset.

Né le 1.er septemb. 1757, dans un tems où le talent de gouverner étoit encore éclipsé par celui de combattre, M. le Marquis *de la Fayette* ne vit d'abord la carrière de la gloire que dans le métier des armes. La paix générale le condamnoit à une inaction pénible; mais les mouvemens des Colonies angloises du nord de l'Amérique reveillerent bientôt en lui cette ardeur guerrière que lui avoient transmise ses ancêtres, dont l'un (le Maréchal *de la Fayette*) avoit été la terreur des Anglois. Dès qu'il eut appris que les Américains cherchoient des vengeurs contre leur patrie qui les opprimoit, il alla trouver les agens de cette république naissante, & leur communiqua la résolution qu'il avoit formée, de concourir à l'ouvrage de leur liberté. *Franklin* apperçut dans ce jeune militaire la sagesse & la valeur anticipées d'un guerrier expérimenté, & il accepta ses offres. Des obstacles sans nombre s'opposerent à son départ ; il les surmonta, trompa la vigilance du ministère, & tandis que les affaires des Colonies étoient dans le plus grand désordre, tandis que leurs milices, presque dissipées, fuyoient devant le général *Howe*, & qu'elles n'avoient ni argent, ni alliés, ni crédit, il sentit redoubler son ardeur pour voler au secours d'une nation menacée de retomber dans son ancien esclavage. Le sacrifice d'une partie de sa fortune fut nécessaire pour l'exécution de son projet ; il fit équiper, à ses frais, une frégate ; il mit à la voile avec les Officiers envoyés par les Agens du Congrès, & se chargea seul de la dépense de l'entreprise.

M. *de la Fayette* débarqua, au mois d'avril 1777, dans le port de Charles-Tonn, d'où il se rendit sur le champ à Philadelphie, où le Congrès étoit assemblé. Il se présenta devant ce nouveau Sénat. *Je viens*, dit-il, *vous demander deux graces ; l'une de servir dans votre armée en qualité de simple volontaire ; l'autre, de ne recevoir aucuns appointemens.* Le Congrès, reconnoissant, lui donna un brevet de Major-général, & ce fut avec ce titre que M. le Marquis *de la Fayette* se rendit à l'armée. *Washington* lut sur sa physionomie & dans sa confiance modeste le présage assuré de ses succès, & lui offrit sa maison. Quelques jours après, l'armée se mit en mouvement, & fut attaquée par le Général *Howe*. *Washington* auroit pu éviter un combat dont il prévoyoit l'issue : mais le Congrès lui avoit envoyé des ordres pour livrer bataille, & l'obéissance lui parut son premier devoir. M. *de la Fayette*, quoique décoré du titre de Major-général, ne voulut servir qu'en qualité de volontaire. Sa brigade fut repoussée ; en vain voulut-il, par ses exhortations & son exemple, la ramener à l'ennemi ; il reçut une blessure dangereuse à la jambe ; on le transporta à Philadelphie, d'où l'armée victorieuse le força de sortir pour aller chercher sa guérison dans les montagnes. Sa valeur impatiente ne lui permit pas d'attendre que sa plaie fût entiérement fermée ; il alla joindre le général *Green* dans le Jersey ; il sollicita & obtint le commandement d'un corps de milice pour aller reconnoître la position des ennemis. Dans sa marche il fut rencontré par un détachement d'Anglois & de Hessois, exercés à combattre, & familiarisés avec les périls de la guerre. M. *de la Fayette* n'avoit sous ses ordres que des hommes indisciplinés, mais que l'amour de la patrie rendoit intrépides. Il fe diffimule que les ennemis lui font fupérieurs en nombre, & il fond fur eux avec tant d'ordre & d'impétuofité, qu'il les difperfe fans combattre.

Washington écrivit lui-même au Congrès les détails de ce triomphe, & manda qu'il alloit confier à M. *de la Fayette* le commandement d'une divifion.

Lorfque la faifon r'ouvrit la campagne, M. *de la Fayette* fe rendit à Albani, où l'on affembloit une armée qui devoit tenter la conquête du Canada. Il en avoit ouvert l'avis & tracé le plan. Les obftacles paroiffoient infurmontables; il indiqua les moyens de les applanir. Mais, arrivé à Albani, il ne trouva ni le nombre d'hommes, ni la quantité de vivres & de munitions qu'on lui avoit promis. La lenteur que le Congrès mit dans cette opération, rendit le fuccès impoffible; le dégel furvint, & M. *de la Fayette* fut affez maître de lui pour renoncer à une entreprife qui devoit flatter fon courage.

Plufieurs petits avantages, remportés fur les Américains, firent craindre que la fortune ne fe rangeât fous les drapeaux britanniques. Quelques républicains fanatiques parurent craindre auffi que *Washington*, après avoir été le libérateur de fon pays, n'en voulût être le tyran.

Son autorité fut bornée, & l'on mit des entraves à son génie. M. *de la Fayette*, ami du Général, usa de sa dextérité pour concilier les esprits. Le calme de son ame, son désintéressement, sa valeur éprouvée, lui faisoient exercer une espèce d'empire sur tous les cœurs. Il contribua à rétablir les affaires qui étoient dans le plus grand désordre. Les frontières du Canada & l'immense côte du Nord n'étoient défendus que par mille hommes, & ce nombre n'étoit pas suffisant pour résister aux troupes reglées & aux milices des ennemis, ainsi qu'aux hordes des Sauvages. D'un autre côté, l'armée de *Washington* étoit réduite à quatre mille hommes, dont la plupart étoient encore convalescens. Il falloit faire tête à dix-huit mille hommes aguerris & commandés par un général expérimenté. Malgré cette inégalité, il choisit une position si avantageuse, que l'ennemi n'osa l'attaquer dans son camp. M. *de la Fayette*, revenu de son commandement du Nord, eut celui d'un corps séparé. Il fut investi par l'armée Angloise, dont le nombre l'eût accablé; mais par ses manœuvres savantes il trouva le moyen de faire, sans perte, une retraite glorieuse.

Dès qu'il eut rejoint l'armée, il fut détaché à la tête de sa division, avec ordre d'attaquer l'arrière garde de l'ennemi. Il s'en acquitta avec autant d'intelligence que de courage, &, ayant commencé l'attaque, il fut soutenu par le gros de l'armée. Cette attaque fut vive & sanglante. Le 7 juin, *Washington* gagna la bataille de Monmouth. M. *de la Fayette*, dans cette journée, commanda successivement l'avant-garde en second sous le général *Lee*, & ensuite la seconde ligne de l'armée. Dès que la victoire eut été décidée, on lui donna le commandement de deux mille hommes pour aller rejoindre *Sullivan*, qui, obligé d'évacuer Rhode-Island, ne pouvoit effectuer sa retraite sans s'exposer à être battu. M. *de la Fayette*, instruit de sa position critique, quitta Boston ; &, après une marche forcée, il arriva à Rhode-Island, où sa présence releva les courages abattus. Il se mit à la tête des piquets & des corps destinés à couvrir la retraite qui fut exécutée, sans perdre un seul homme. Ce succès lui mérita les remercîmens du Congrès, par l'organe du président ; on consigna dans les regîstres publics les détails de ce service signalé, & on lui offrit, au nom des colonies, une épée ornée de figures allégoriques.

M. *de la Fayette* avoit alors 22 ans. Dès que sa patrie eut reconnu l'indépendance des Américains, il mit à la voile, & se rendit en France pour aller procurer des secours. Mais bientôt il renonça aux jouissances multipliées que lui offroient les hommages & l'admiration de ses compatriotes, pour repasser les mers & rentrer dans la carrière de la gloire. Le jour de son débarquement à Boston fut marqué par l'allégresse publique ; les habitans s'étoient rendus sur le port pour recevoir leur généreux défenseur ; il fut conduit au bruit du canon, des cloches & des instrumens de musique, dans la maison que les officiers municipaux lui avoient préparée ; des feux d'artifice furent allumés dans les places publiques, &c. &c. les témoignages d'amour étoient d'autant plus touchans, qu'on ignoroit encore les services qu'il avoit rendus à la cause de la liberté pendant son séjour en France, où il avoit obtenu des secours d'hommes, d'argent & d'habits.

Il se déroba, le plus promptement qu'il put, à l'empressement des peuples & au tumulte des fêtes, & se rendit à l'armée, où il fut reçu avec le même enthousiasme. On lui donna le commandement de l'Infanterie légère & des Dragons. Cette campagne n'offre aucun événement mémorable ; mais elle ne fut pas moins glorieuse pour les Américains, dont les généraux, par leurs manœuvres & leurs campemens, obligèrent les ennemis de se tenir enfermés dans New-Yorck.

Cependant les Anglois avoient profité de leur supériorité pour se rendre maîtres des trois Etats du Sud. Ils ranimèrent toutes leurs forces contre la Virginie, dont la conquête devoit nécessairement entraîner la ruine de nos autres Colonies. Cette expédition fut confiée au général *Cornwallis*, qu'une continuité de succès avoit rendu la terreur de l'Amérique. Ce fut dans cette campagne que les François, commandés par M. le Comte de *Rochambeau*, soutinrent & même étendirent la gloire de leur nation. M. *de la Fayette*, à la tête de cinq mille hommes, fut chargé de la défense de la Virginie. Ce nombre n'étoit pas suffisant pour résister aux ennemis bien plus nombreux ; il fallut que la science suppléât à la force. M. *de la Fayette* suivit pas-à-pas le général *Cornwallis* sans se laisser entamer. Tout se réduisit à des escarmouches légères, &, par la science des campemens, il ôta aux ennemis les moyens d'engager une action générale : dans ce moment critique, ses soldats étoient sans argent, sans habits, sans souliers, & dans un pays où l'on avoit peine à se procurer des subsistances. L'exemple de leur Chef leur apprit à tout souffrir. Ils avoient soutenu, pendant près de cinq mois, tout le poids de la cause commune, lorsque les corps commandés par les généraux *Washington* & de *Rochambeau*, firent leur jonction avec eux. Alors *Cornwallis*, défefpérant de réfifter à tant de forces, ne vit d'autre reffource que de s'abandonner avec fon armée à la difcrétion du vainqueur. Plein d'admiration pour la valeur généreufe de M. *de la Fayette*, il demanda, comme une faveur, de ne traiter qu'avec lui, & de remettre fon épée dans fes mains. La modeftie de M. *de la Fayette* fe refufa à cet honneur, & il eut la gloire d'avoir préparé la victoire de deux Généraux.

Il fe rendit à Philadelphie, où il fut reçu en triomphe. Les Etats de Virginie lui témoignèrent leur reconnoiffance par un bufte, accompagné d'infcriptions honorables. Dans tous les lieux où il fe montroit, il recevoit le tribut de l'amour des peuples : enfin il partit pour la France, afin d'encourager le gouvernement à terminer par de nouveaux fecours l'ouvrage qu'il avoit commencé. Le Congrès ordonna à tous fes Miniftres en Europe de lui communiquer le fecret des affaires.

Les négociations effuyoient trop de lenteur pour le courage impatient de M. *de la Fayette*; il réfolut de retourner en Amérique, & d'aller joindre à Cadix M. le Comte *d'Eflaing* avec huit mille hommes qu'il conduifit. Il étoit prêt à mettre à la voile, lorfqu'il reçut la nouvelle de la conclusion de la paix & de l'indépendance des Colonies.

Les Etats de Virginie & de Pensylvanie, en formant deux nouvelles Provinces ou Comtés, leur ont donné le nom *de la Fayette*, nom que l'humanité & la gloire rendront immortel dans l'histoire des deux mondes.

LETTRE

D'un père à son fils inscrit parmi les soldats de la garde-nationale, & désespéré de n'avoir pas été élu Officier.

LA conduite que vous avez tenue jusqu'à présent, mon fils, a mérité les éloges de tous ceux qui vous connoissent, & j'avoue que j'y ai applaudi moi-même de bon cœur. Je m'enorgueillissois entièrement d'avoir un fils bon citoyen, patriote zélé, qui se montroit par-tout avec avantage, s'armoit d'un fusil pour donner la chasse aux perturbateurs du repos public, & établir l'ordre au milieu du désordre, assistoit régulièrement aux assemblées de son district, prenoit plaisir aux discussions souvent bruyantes & tumultueuses de ces assemblées, & avoit le bon esprit de s'y soustraire en laissant parler les

perfonnes qui avoient plus d'âge & d'expérience. Je vous portois envie, je regrettois que mes infirmités ne me permiffent pas de vous accompagner, & de partager vos travaux patriotiques : mais rien n'a été comparable à la joie que j'ai éprouvée, lorfque j'ai appris que vous vous étiez fait infcrire parmi les foldats citoyens. » Mon fils, me difois-je, a donc une véritable
» idée de la gloire ; il connoît, il aime la pa-
» trie, il eft digne de la fervir ; &, plus heu-
» reux que moi, il verra luire les jours tran-
» quilles de la liberté, après avoir effuyé les
» orages qui la précedent, après avoir aidé à
» les conjurer lui même ».

Je ne me diffimulois pas que l'ignorance & l'égoïfme d'une foule de fybarites qui craignent de réfléchir, qui en font même incapables, chercheroient à couvrir de ridicule une inftitution nouvelle, dont le but eft au-deffus de leurs regards. Je favois d'avance que l'inexpérience de quelques foldats citoyens, un fufil porté à droite plutôt qu'à gauche, des jarrets non tendus, des pieds mal alignés, des épaules trop arrondies, &c. apprêteroient à rire à quelques gens oififs, feroient jaillir de leur efprit quelques mauvais calembourgs, & infpireroient à leur malignité quelques hiftoires bien plattes, bien invraifemblables, dont ils égayeroient les foupers.

Mais tout cela gliſſoit ſur mon ame, & produiſoit à peine en moi un ſentiment de pitié. Je me flattois d'ailleurs que le regne du ridicule alloit diſparoître. Un vice vaut mieux qu'un ridicule chez une nation courbée ſous le joug, où la faveur & l'intrigue diſtribuent les graces ; mais chez une nation libre, dont tous les individus ſont des citoyens qui s'occupent de la choſe publique, où l'on n'a plus à craindre la mauvaiſe humeur d'un Miniſtre ou de ſa Maîtreſſe : où l'on a mille moyens de ſe faire connoître & d'appliquer ſes talens au ſervice de la patrie, le ridicule a bien peu de priſe, l'intention ſeule fait le prix des actions, & il n'y a que l'oiſiveté & le vice qui puiſſent exciter le mépris.

Ainſi, mon cher enfant, bien tranquille ſur ce qu'on pourroit dire ou ne pas dire des élémens de la garde nationale, bien aſſuré que quelques mois d'exercice & l'intelligence de la plupart de ceux qui la compoſent, lui donneroient bientôt un enſemble qu'il ſeroit injuſte d'exiger d'elle, au moment qu'elle eſt formée, j'étois charmé que vous y fuſſiez inſcrit, & je me réjouiſſois d'avance de vous voir en uniforme, au retour de la campagne.

Votre ſœur m'écrit que l'élection des Officiers de votre diſtrict eſt enfin terminée, que vous n'avez pas été élu, & que vous en êtes inconsolable: vous vous répandez même, dit-elle, en propos injurieux à l'assemblée, vous prétendez que la cabale & l'intrigue ont dicté le choix qui a été fait; vous êtes outré de vous voir commander par des gens que vous croyez fort au-dessous de vous, qui n'ont point reçu de férules au collège, & dont quelques-uns ne savent pas même l'orthographe.

Ah! mon fils, que vous m'humiliez! vous n'êtes plus pour moi celui dont j'étois si fier d'être le père, & vos plaintes & vos regrets me prouvent que vos concitoyens ne se sont point trompés. Je dirai avec *Brutus*:

Non, non, le consulat n'est point fait pour son âge;
J'ai moi-même à mon fils refusé mon suffrage.
. . . .
Donne ton sang à Rome, & n'en exige rien;
Sois toujours un héros; sois plus, sois citoyen.

Mais j'aime à croire que, si la vanité l'emporte en ce moment sur le devoir, c'est que vous en ignorez toute l'étendue, c'est que vous, qui reprochez aux autres de n'être pas instruits, ne savez pas même ce que c'est qu'un citoyen & un soldat citoyen : si vous le saviez, mon fils, que vous seriez glorieux de pouvoir dire :

Je ne suis qu'un soldat!...

Que vous attacheriez peu d'importance à une diſtinction frivole, peu faite d'ailleurs pour votre inexpérience ! Vous voulez commander ; mais ſavez-vous obéir ? vous voulez commander ; mais avez-vous bien refléchi à tous les devoirs qu'impoſe le commandement ? avez-vous penſé aux ſuites fâcheuſes que peut avoir quelquefois l'ignorance de celui qui commande ? Ce n'eſt point pour étaler votre petite vanité dans les promenades & les lieux publics, que la patrie vous appelle ; elle veut bien aggréer vos ſervices ; ne voyez donc que ſes bontés pour vous, & ſervez-la avec le zèle d'un vrai citoyen.

Si vous voulez mériter ce titre, ſongez que votre perſonne, vos forces, vos talens, vos facultés appartiennent de droit à la ſociété d'hommes, c'eſt-à-dire, à la nation dont vous faites partie ; ſongez que, chez une nation libre, les intérêts privés ne ſont rien, & l'intérêt public eſt tout ; que la voix de la multitude eſt preſque toujours celle de la vérité ; que tous les poſtes aſſignés à un citoyen pour le bien public, ſont également honorables ; que tout citoyen qui remplit les devoirs qui lui ſont impoſés, eſt également eſtimable. Croyez-vous donc être au-deſſus d'un honnête artiſan, parce que ma fortune vous permet de vivre avec plus d'aiſance ? Il eſt plus utile à la patrie, & il a des reſſources

plus

plus réelles que les vôtres. Pensez-vous que l'art de combiner ses idées, de distinguer le juste de l'injuste, de voir ce qu'il faut faire & ce qu'il faut éviter, tienne à quelques pensées passives dans la poussière des colléges, & que dans une délibération importante on ne puisse donner son suffrage, sans savoir l'orthographe ? Si un accident imprévu vous privoit de la fortune que je dois vous laisser, que feriez-vous ? que deviendriez-vous ? Au contraire qu'un ouvrier soit privé aujourd'hui de tout ce qu'il possède dans le monde, demain il aura à dîner, & ce dîner il l'aura gagné. C'est ce que dit *J. J. Rousseau*, beaucoup plus énergiquement que moi. « Au
» lieu, dit-il, de recourir pour vivre à ces
» hautes connoissances qui sont faites pour
» nourrir l'ame & non le corps, si vous re-
» courez, au besoin, à vos mains & à l'usage
» que vous en savez faire, toutes les difficultés
» disparoissent, tous les manèges deviennent
» inutiles; la ressource est toujours prête au mo-
» ment d'en user.... Vous n'avez plus besoin
» d'être lâche & menteur devant les grands,
» souple & rampant devant les fripons, vil plai-
» sant de tout le monde, emprunteur ou vo-
» leur, ce qui est à peu près la même chose
» quand on n'a rien : l'opinion des autres ne vous
» touche point; vous n'avez à faire votre cour

B

» à personne, point de sot à flatter, point de
» Suisse à fléchir, point de courtisane à payer,
» & qui pis est, à encenser. Que des coquins mè-
» nent les grandes affaires, peu vous importe :
» cela ne vous empêchera pas, vous, dans votre
» vie obscure, d'être honnête homme, & d'a-
» voir du pain. Vous entrez dans la première
» boutique du métier que vous avez appris :
» Maître, j'ai besoin d'ouvrage. Compagnon,
» mettez-vous là, travaillez. Avant que l'heure
» du dîner soit venue, vous avez gagné votre
» dîner : si vous êtes diligent & sobre, avant
» que huit jours se passent, vous aurez de quoi
» vivre huit autres jours : vous aurez vécu li-
» bre, sain, vrai, laborieux, juste ; ce n'est
» pas perdre son tems que d'en gagner ainsi ».

Voilà pourtant, mon fils, les gens que vous méprisez ; ce sont ces artisans laborieux & honnêtes, qui devancent le jour pour satisfaire à nos besoins, que vous regardez comme vos inférieurs : & cependant le laboureur & l'artisan forment les deux seules classes d'hommes qui soient entiérement libres au milieu d'une nation qui jouit de la liberté : pour moi, je les aime, je les estime, & je vous assure que, si j'étois de votre âge, je serois charmé d'avoir pour Capitaine ou Lieutenant mon cordonnier, bon citoyen, bon père de famille, & le plus honnête homme du monde : je me ferois un plaisir de le suivre, de prendre ses ordres, de manœuvrer à son commandement, en lui recommandant toutefois de ne pas me faire des souliers trop courts ou trop étroits, & je me croirois assez honoré du beau titre de soldat-citoyen.

Ah ! vous n'en connoissez pas le prix, vous ignorez ce qu'il peut sur une grande ame, vous ignorez ce que l'Etat attend de ceux qui le portent. Confondrez-vous un soldat-citoyen avec ceux que l'on paie pour défendre la patrie, & qui ont servi plus d'une fois à l'opprimer ? les véritables défenseurs de l'Etat ne sont-ils pas ses membres? Ils sont soldats par devoir ; ils ont à défendre leurs femmes, leurs enfans, leurs parens, leurs terres, leur fortune, & plus que tout cela, leur liberté. Tant qu'un peuple se défend lui-même, il est sûr de rester libre ; rappellez-vous l'histoire de ces peuples dont le souvenir excite encore notre respect & notre admiration, & vous verrez la confirmation de cette vérité. Rome étoit pauvre, lorsque Carthage étoit opulente : mais les soldats de Rome étoient citoyens, ceux de Carthage étrangers à la patrie, & Carthage succomba ; voyez parmi les peuples modernes quels sont les peuples les plus libres ; parcourez la Suisse,

& fur-tout les petits cantons. Là tout particulier qui fe marie, eft obligé d'être fourni d'un uniforme qui devient fon habit de fête, d'un fufil de calibre & de tout l'équipage d'un fantaffin, & il eft infcrit dans la compagnie de fon quartier : durant l'été, les dimanches & les jours de fêtes on exerce ces milices felon l'ordre de leurs rôles ; d'abord par petites efcouades, enfuite par compagnies, puis par régimens ; jufqu'à ce que leur tour étant venu, ils fe raffemblent en campagne, & forment fucceffivement de petits camps, dans lefquels on les exerce à toutes les manœuvres qui conviennent à l'Infanterie : de cette manière, toute la nation eft exercée, on a une belle & nombreufe armée toujours prête au befoin.

Et ne croyez pas que ces citoyens armés fe plaignent des devoirs qu'on leur impofe, fe permettent de regarder comme inutiles & incommodes des fonctions auffi refpectables. Ils font auffi fiers à leur corps & fous les armes, qu'à l'Hôtel-de-ville & au Confeil fouverain. Chaque citoyen fe dit : « je fers la Patrie & je fuis à mon devoir, » & l'on a vu quelques-uns de ces corps manœuvrer avec plus de perfection que des troupes réglées. Mais auffi, dans le choix des officiers, on a aucun égard au rang, au crédit & à la fortune, l'expérience &

les talens le décident, & chacun leur obéit avec joie dans les plus petits détails.

Je sens bien, mon fils, qu'il nous est impossible de nous dépouiller tout-à-coup des vieilles opinions : elles ne peuvent être détruites que peu à peu : mais il faut que les citoyens éclairés contribuent à les réformer ; il faut qu'ils donnent l'exemple du patriotisme & de la soumission volontaire ; il faut qu'ils préfèrent le rang de simple soldat aux vaines décorations de ceux qui commandent. C'est le seul moyen de faire naître un nouvel ordre de choses & d'opinions, aussi désirable pour le bien public. Méditez encore un passage de *J. J. Rousseau*, bien applicable aux circonstances actuelles. » Une seule chose, dit-il, suffit pour rendre la
» Nation impossible à subjuguer ; l'amour de
» la Patrie & de la liberté, animé par les vertus
» qui en sont inséparables.... tant que cet amour
» brûlera dans les cœurs, il ne vous garantira
» pas peut-être d'un joug passager ; mais tôt
» ou tard il fera son explosion, secouera le joug
» & vous rendra libres. Travaillez donc sans
» relâche, sans cesse, à porter le patriotisme
» au plus haut dégré dans tous les cœurs...
» *Faites en sorte* que tous les citoyens se sen-
» tent incessamment sous les yeux du public ;
» que nul n'avance & ne parvienne que par la

» faveur publique, qu'aucun poſte, aucun em-
» ploi ne ſoit rempli que par le vœu de la Na-
» tion; & qu'enfin depuis le dernier noble, de-
» puis même le dernier manant juſqu'au Roi,
» s'il eſt poſſible, tous dépendent tellement de
» l'eſtime publique, qu'on ne puiſſe rien faire,
» rien acquérir, parvenir à rien ſans elle. De
» l'effervefcence, excitée par cette commune
» émulation, naîtra cette ivreſſe patriotique qui
» ſeule fait élever les hommes au-deſſus d'eux-
» mêmes, & ſans laquelle la liberté n'eſt qu'un
» vain nom, & la légiſlation qu'une chimère »

Réfléchiſſez donc, mon fils, & ſurmontez cette petite vanité qui vous donnoit des regrets, au moins ridicules, qui vous empêchoit de ſentir l'importance du poſte auquel vous appelloit la Nation, en vous permettant de vous faire inſcrire parmi ſes défenſeurs citoyens, & honorez-vous du rang de ſimple Soldat que vous avez obtenu. Obéiſſez aux chefs particuliers que le choix de vos compatriotes a placés au-deſſus de vous; ne vous informez pas même quels ils ſont, ſi vous ne les connoiſſez pas. La voix publique ne s'eſt point trompée; ce ſont vos concitoyens, peut-être vos inférieurs dans l'ordre des ſociétés particulieres, mais, à coup ſûr, vos égaux aux yeux de la Patrie, vos égaux relativement au bien public, & vos ſupérieurs lorſque vous êtes ſous les armes.

Je voudrois pouvoir vous développer ici les principes & les maximes que je viens de mettre fous vos yeux : mais ma lettre eſt déjà trop longue, mes yeux ſe fatiguent, & il faut que je finiſſe. J'eſpere cependant que vous êtes bien convaincu de la vérité de tout ce que je vous dis, que votre eſprit & votre cœur ſuppléeront à ce que j'ai omis, & que vous ſerez peut-être honteux d'un moment d'erreur que je pardonne à la vivacité de votre âge.

Amour de la Patrie, obéiſſance & modeſtie : avec ces vertus, vous mériterez un jour le rang que vous avez déſiré. Si vous vouliez des exemples particuliers, ils ſe préſenteroient en foule ; mais qu'il me ſuffiſe ici de vous offrir celui du Commandant-général qui a été choiſi par vos concitoyens. Il n'a pas dix ans plus que vous; voyez le dégré de gloire auquel il eſt parvenu, mais voyez auſſi les moyens qu'il a employés.

Liſez donc attentivement la notice hiſtorique que je vous envoye, vous y apprendrez à connoître le jeune Héros que la voix publique a appellé au commandement général de la garde nationale. Quel citoyen ne ſeroit pas honoré de ſervir dans un Corps qu'il commande ? Quel eſt l'envieux d'aſſez mauvaiſe foi, pour ne pas remarquer dans toutes ſes démarches, dans toutes ſes actions, dans tous ses vœux, l'amour de la patrie & de la liberté, la modestie la plus scrupuleuse & la plus soutenue, le coup d'œil le plus juste & le plus pénétrant, la prudence la plus consommée, la franchise & la loyauté des anciens tems, & le respect le plus aveugle pour le titre de citoyen? Quel soldat pourroit desirer un Chef plus illustre & plus digne d'être aimé?

Vous n'êtes pas sans doute dans une position qui nous permette d'imiter en tout M. *de la Fayette* : mais, mon fils, les vertus s'appliquant à toutes les circonstances, sont de tous les tems & de toutes les situations : sachez obéir comme lui, afin de mériter de commander un jour comme lui; soyez modeste, même au milieu des plus grands succès, pour vous les faire pardonner ; que toutes vos actions, toutes vos démarches soient marquées au coin de la noblesse & de la générosité; apprenez enfin de votre Général à être citoyen.

Adieu, j'espère que je vous reverrai sous huit jours sans humeur & sans épaulettes.

L'orgueil n'aveugle point ceux que l'honneur éclaire,
Et je suis citoyen avant que d'être père.

De l'Imp. de la Veuve DELAGUETTE, rue de la Draperie, 1789.

www.ingramcontent.com/pod-product-compliance
Lightning Source LLC
Chambersburg PA
CBHW060930050426
42453CB00010B/1945